달이 떴어

해야 시집

* 본문 페이지에서 한 연이 첫 번째 행에서 시작될 때에는 〈 표기를 합니다.
* 저자의 의도에 따라 작품의 보조 동사와 합성 명사는 띄어쓰기가 달라질 수 있습니다.
* 작가의 창작 의도에 따라 표준어 및 표준문법에서 벗어나는 어휘나 표현을 허용하였습니다.

하늘

한 페이지.

다 읽은 이 없다.

영원히.

시인의 말

청춘의 묵시록
　　　- 바라나니

내 이 한 편의 작은 시가
그대들 어둠을 거두어 줄 수 있다면
그대들 가는 길 밝혀 줄 수 있다면.
어둠 속 하늘의 별이 되어
그대들 눈동자에 빛이 될 수 있다면.
잠 못 드는 밤하늘 달빛이 되어
그대들 가슴 따사로운 벗이 될 수 있다면.

내 이 한 편의 작은 시가
일렁이는 젊음의 푸르른 가슴
붉은 심장에
한 덩이 단단한 무쇳덩이가 될 수 있다면.
굵은 피 흐르는 핏줄일 수 있다면.
그리고 발걸음 망설이는 눈빛에
결단의 한 자루 칼날일 수 있다면.

내 이 한 편의 작은 시가
그대들 싱그럽고 싱싱한 팔다리에
굳세고 탄성 좋은 근육질이 될 수 있다면

뛰노는 바다 물결일 수 있다면.
하늘 향해 날아오르는 활주로일 수 있다면
튼튼하고 곧은 동아줄일 수 있다면
날개일 수 있다면.

그리고 내 이 한 편의 작은 시가
그대들 젊음의 꽃밭에 피어나는
곱고도 뜨거운 노래의 메아리가 될 수 있다면.
가쁘고 벅찬 숨소리의 쉼터일 수 있다면
샘물일 수 있다면.

그대들 삶 겹고 고픈 식탁에
더운 김 오르는 한 사발 국밥이라도
힘내라! 한 대접 고봉 막걸리라도.
     한 잔의 따뜻한
           커피라도
              될 수 있다면.

차례

1부 네가 왔어

지음知音 1	19
지음 2	20
지음 3	21
지음 4	23
지음 5	24
지음 6	25
산 1	26
산 2	28
산 3	29
산 4	30
광학 일기 1	31
광학 일기 2	32
산 5	33
산 6	35

2부 청춘의 묵시록

칼 1	39
칼 2	40
별 1	41
별 2	42
별 3	43
별 4	44
한 번쯤, 이런 일	45
나를 찾으러	46
어둠에 대하여	48
길 1	50
길 2	51
힘	52
나 1	53
나 2	54
촛불	55

3부 그 밥

별 5	59
별 6	60
길 3	61
길 4	62
길 5	64
바다	65
책 1	67
책 2	69
별 7	71
바닥	73
광학 일기 3	75
광학 일기 4	76
광학 일기 5	78
광학 일기 6	79
그 밥	80

4부 한 사람

한 사람 1	85
사랑 1	86
사랑 2	88
사랑 3	90
사랑 4	91
사랑 5	92
사랑, 그리고 섹스	93
앨버트로스	94
끝판왕	96
물	97
연어	98
한 사람 2	100
한 사람 3	103

5부 네가 보였다

꽃 1   107
꽃 2   108
꽃 3   110
꽃 4   112
꽃 5   114
꽃 6   115
꽃 7   116
꽃 8   117
꽃 9   118
꽃 10   119
꽃 11   120
꽃 12   121
꽃 13   123
꽃 14   124
꽃 15   125

해설 _ 아직 길이라 불리지 않는 길 위의 순례   127
우대식(시인)

1부

네가 왔어

지음 知音 1

달이
  떴어.

네가
  왔어.

마침내
  왔어.

너의 눈빛
  달빛이 되어.
너의 가슴
  하늘이 되어.

새벽닭 하늘에
홰를 치는 때.

오늘 밤도 기다림의 끝은
달이었어.
하늘이었어.

지음 2

채워야 할 것 있다고 했다.
비우는 일이라고 했다.
비우는 일로 비우는 일을 비워 채워야 하는.

비워야 할 것이 있다고 했다.
비워야 한다는 생각이라고 했다.
비워야 한다는 생각을 비워 비워야 하는.

달이 간다.
밤새워 하늘
채우며 간다.

밤새워
   하늘
      비우며 간다.

지음 3

바람이 꽃에게.
바람이 안 되고 왜 꽃이 되었어?
꽃이 바람에게 말을 합니다.
바람이 불어서
꽃이 되었어.

꽃이 바람에게.
꽃이 안 되고 왜 바람 되었어?
바람이 꽃에게 말을 합니다.
꽃을 피우려고
바람 되었어.

어둠이 별에게.
어둠이 안 되고 왜 별이 되었어?
별이 어둠에게 말을 합니다.
어둠이 어두워
별이 되었어.

별이 어둠에게.
별이 안 되고 왜 어둠 되었어?

어둠이 별에게 말을 합니다.
별빛을 밝히려
어둠 되었어.

지음 4

  시베리아의 하늘을 넘어. 눈밭을 넘어. 추위를 넘어. 시베리아 눈을 맞고. 편지가 왔다.
  "오늘 같은 날은. 초콜렛과 캔디를 많이 드세요." 몰랐는데. 그날이 그런 날이라고 했다.

  너의 그 말이. 초콜렛이었다. 캔디였다. 네가 달콤한 것 같아.
  나도 달콤했다.

지음 5

너와 나

시간이라는 거.
공간이라는 거.
없는 줄 알았다.

가고 나서 알게 되었다.
네가 채우고 있어 없었던
보이지 않던 자리.

너의 시간
너의 공간.
너와 나의
  시간의 시간
    공간의 공간.

지음 6

청소를 한다.
물을 뿌리고
바닥을 닦는다.

네가 오는 날.
네가 디뎌 밟고 올 내
가슴 속 바닥.

수선화
한 송이
　내리어 앉을.

수선화
꽃향기
　내리어 앉을.

산 1

어디 가는가.
산에 가네.
무엇 하러 가는가.
놓아줄 것 있어 놓아주러 데리고 가네.
산에나 놓아줄
한 마리 즘생.

그 즘생도 그리 해 주기를 바라고 있나.
그렇다네.
즘생 이름은 무어라 하는가.
그냥 즘생이라 하기도 하고
'나'라고도 하기도 하네.

산의 허락은 받았는가.
쉬운 일은 아니지만
나 스스로 그리 못할 양이면
산이 나를 잡아
산에 놓아 살게 해 주는 수도 있다고 하네.

놓아주었는가.

멀었다 하네.
산의 말로는
한두 번
열 번 백 번으로 되는 일이 아니라 하네.

끝까지 한번 해 볼 셈인가.
그래.
될 때까지 한번
해 보려 하네.

* 放生.

산 2

무게를 만나러
산에 간다.

무게를 더해 주는
산의 무게.
무게를 내려 주는
초록의 무게.

저의 무게에
남의 무게를 받아
무거움 덜어
가벼움 더해 주는.

산의 무게
   나의 무게
      초록의 무게.

산 3

산이 있는 곳에
물이 있고
산 아래 호수가 있는 이유.

산과
나무들은
물을 품는 법을 알고 산다고 한다.
물을 품어 보내는 법을 품고 산다고 한다.

산이 있는 곳에 물이 있고
산 아래 물이
호수가 있고.

산 4

정상에 설 때마다
들리는 소리.

올라 딛고 보면
바닥이란다.

하늘 아래
세상.
바닥이 아닌 어디 없단다.

바닥과 정상이
따로 없단다.

  가거라.
     하늘 한번 만지고
        또 오거라.

광학 일기 1

숲.

초록의 잎새들을 만나고 왔다.
초록의 눈빛 맞추고 왔다.
잎마다 하나 같이 초록이었던
빛마다 초록의 눈빛이었던.

숲이 내게 준 빛의 선물
숲에게서 받아온 초록의 선물.

   모두 다 빛 푸른
           눈빛이었던.

광학 일기 2

숲에 가면
숲의 호흡법
초록빛 호흡.

나는 숲을 숨 쉬고
숲은 초록을 숨 쉬고.

나는 숲과 함께 나를 숨 쉬고
나와 함께 숲은 숲을 숨 쉬고.

숲은 초록으로 숲을 숨 쉬고
나는 초록으로
나를 숨 쉬고.

숲은 초록으로 나를 숨 쉬고
나는 초록으로
숲을 숨 쉬고.

산 5

1.
잎이 진다.

가을이 잎을 지우고 있다.
잎새들이 가을을 지우고 있다.
나무들이 옷을 벗고 있다.
가을이 옷을 벗고 있다.

나무들이 잎을 지우는 건가.
잎들이 나무를 비우는 건가.

가을이 잎을 지우는 건가.
잎새들이 가을을 비우는 건가.

머잖아 겨울, 그리고 안거安居.
나무들 맨몸의
눈보라 수행.
해탈의˙ 수행을 준비하는가.

2.
나무들에게 묻는다.
산에 묻는다.
나무들의 겨울 안거
겨울 수행은 이런 거냐고.

나무들이 답한다.
산이 답한다.
나무들에게 안거는 없는 거라고.
산에 안거는 없는 거라고.
수행이라 하는 것도 없는 거라고.

안거가 수행이고, 수행이 안거.
    수행과 안거가
        다르지 않다고.

* 解脫衣. 저자 조어.

산 6

그에게 묻는다,
산에 사는 이.

왜
세상 어디 두고 산에 와 살아?

그가 말한다.
세상이 나를 훔쳐 갈까 봐.
내가 나를 세상에 훔쳐낼까 봐.
산도 함께 가져갈까 봐.

산이 말한다.
너를 산에 두고 살려고 말고
산을 네게 두고 살아 봐.
가슴 깊이 속 깊이
품고 살아 봐.

세상의 당기는 힘이 얼마나 달다 한들
산도 너도
못 가져가.

2부

청춘의 묵시록

칼 1

너에게 묻는다.
그리고서 말하라.

칼. 갈아 본 적 있나. 손가락. 잘라 본 적 있나. 어림도 없는 어둠 속에서. 빛. 갈아 본 적, 벼려 본 적. 날 선 칼. 칼날. 맞서 본 적.

칼 빛. 별빛. 받아 본 적 있나. 흔들리지 않으려. 칼빛. 별빛. 받아 가슴에 꽂아본 적. 그리하지는 못했더라도. 안아 본 적, 품어 본 적, 베이어 본 적. 칼 빛. 별빛에. 눈빛 부라려 겨누어 본 적.

어두운 밤. 어두운 하늘. 어두운 비. 내리치는 천둥번개. 번개의 날빛. 정수리 한가운데, 가슴 한복판에, 두 눈동자에. 받아, 견디어, 버티어 본 적.

칼 2

검법
따로 없다.
제 가슴 한번
열어보는 일.

필살기
마찬가지.
제 심장 한번
꺼내보는 일.

별 1

하늘
그리고 어둠.

스스로 빛이 되는
별이 있다.*

스스로 등대가 되는
별들이 있다.

하늘 바다, 별 바다
어둠의 바다.

배가 되어 떠나가는
별들이 있다.

---

* 별은 수소 원자의 집합 덩어리라고 할 수 있다. 수소 원자핵(양성자) 융합 반응에 의해 빛을 만들어 우주공간의 어둠 속에 쏘아 보내고 빛나는 별이 된다.

별 2

하늘. 어둠. 깊은 속에는. 아직 뜨지 않은 별이 있단다. 세상. 푸르고. 넓은 벌에는. 아직 피지 않은 꽃이 있단다. 가거라. 눈빛으로. 가슴으로 더듬어 찾아가거라. 별 따라. 꽃 찾아. 떠나가거라.

하늘이, 세상이, 너무 넓다고. 너무 어둡고 깜깜하다고. 탓하지 마라. 급하지 마라. 그럴 시간 있거든 공부에 보태거라.

먼저 준비하거라. 맑고 높은 하늘에 별이 빛나고. 깊고 넓은 가슴에 꽃이 피는 법. 눈빛은 멀리, 가까이 두고. 가슴은 넓게, 깊이 파거라.

거기. 네 하늘. 네 어둠 속에. 별이 뜨고 하늘이 열릴 것이다. 거기. 넓은 벌. 네 마음속에. 꽃이 피고 어둠이 열릴 것이다.

별 3

별이 보이지 않는
밤이 있었다.
나를 찾아 세상 길
떠나야 하는.

스스로 별이
빛이 되어.
    스스로 길을 찾아
        가야만 하는.

나는 무엇인가.
어디 있나.
어디 가는가.

하늘은 말없이 별을 낳고
별은 스스로
    빛을 만드는.

별 4

너도 별이야.
눈을 감고 가만히
반짝거려 봐.

가슴에
별을 안고
두근거려 봐.

너 있는 그곳이
별들의 은하.

하늘 바라보며
나도 별이라고 두근거려
반짝거려 봐.

한 번쯤, 이런 일

죽기 전 한 번쯤 하고 싶은 일.
살아서 한 번쯤 죽어보는 일.

죽고 나면 죽고 싶어도 죽지 못한다.
한 번쯤 죽어서 살아보는 일.

죽기 전 한 번쯤 해 볼 만한 일.
   죽기로 하늘 땅
       다 내려놓고.

나를 찾으러

꽃밭에
별밭에
사는 줄 알았다.
살고 싶었다.

나를 찾으러 꽃밭에 갔다.
없었다.
나도, 내 꽃도.
별밭에 갔다, 나를 찾으러.
없었다.
나도, 내 별도.

어두운 것들이 몰려왔다.
눈을 어지럽히는.
세상을 둘러 에워싼
떠다니는 것들.

내가 안고 있던 꽃은 꽃이 아니었다.
내가 바라보던 별도 별이 아니었다.
나도 꽃도 별도 없이 어두웠던 나.

한낮의 빛마저 안개와 어둠이었던.
그리고 어둠을 보았던 순간
그리고 어둠을 알았던 순간
어둠 속의 나를 보았던 순간.

저기
멀리
가까이
어둠 속에서.
무엇이 나를 손짓하는 듯
꽃인 듯 별인 듯 내 눈빛인 듯.

어둠 속
내가 찾던 꽃은 거기 있었다.
내가 찾던 별도
그리고 나도.

어둠에 대하여

바라볼수록
살아볼수록
걸어볼수록

세상은 점점 더 넓어만 가고
어두워 가고
멀어져 가고.
나도 따라 어두워져
멀어져 가고
작아져 가고.

어느 날 어둠 속
별이 빛나던
별을 보았던.
어둠을 가르는 아득한 소리.
어둠을 지르는 불빛의 소리.

두려워 마라.
어두워 마라.
어둠 속 가만히 귀 기울이고

어둠 속 두 주먹 눈 부릅뜨고.
어둠의 소리를 들어 보아라.
하늘의 소리를 들어 보아라.

별이 어둠 속에 태어나는 일.
그리고 어둠 속
빛이 되는 일.

길 1

그럴 땐
조금만 뒤로 물러서서 봐.

네가 누구인지
보이지 않는 때.
서 있는 곳 어디인지
안개 속인 때.

조금만 뒤로 물러서서 봐.
지금, 거기, 네가 보이게 될 거야.
거기 네가 서 있을 거야.
서 있는 곳 어디인지
알게 될 거야.

우리 사는 세상 어느 강변 여울목이든
강물이 가슴을 지나는 나루터이든.

별들 하늘나라 먼 길 떠나는
은하 강변 어느
나루터이든.

길 2

　꽃밭 길을 걷는다 하여 꽃이 되는 것은 아니라 한다. 별밭 길을 걷는다 하여 별이 되는 것도 아니라 한다.

　꽃이 되려거든 가슴이 꽃밭이 되어야 하고. 별이 되려거든 가슴이 하늘밭이 되어야 한다.

　강이 되려거든 강물에 가슴이 흘러야 하고. 산이 되려거든 이마가 하늘을 넘어야 한다.

　가 보지 못한 길은 있지만. 가 보지 못할 길은 없다고 한다. 아직. 길이라 불리지 않은 길도 있다고 한다.

힘

힘들지?

해법은 하나
정면 돌파.
힘 드는 일은 힘으로 이겨내는 법.

힘으로 이겨야 하는 법이라서
힘이 드는 법.

말하기는 쉽고
하기는 힘이 드는.

나 1

세칭
명함이라 일컫는
제법 편리하고도 그럴듯한 이름의 딱지가 있지.
건넬 때마다 속으로 되뇌는 말.

  "이것이 제
   껍데기입니다."

속으로만 하지 말고
겉으로도 까놓고
       하고 싶은 말.

나 2

나를 찾아 줄 이 나밖에 없는.
빛 가운데라도, 어둠 속이라도
세상에서라도, 하늘에 가서라도
나에게서 나를 꺼내 내게 안겨 줄.

찾아가야 할 곳
나밖에 없는.

촛불

나
촛불.

타기 위해
빛을 위해
받아 난 몸.

심지에 불만 당겨주면 돼.
다음은 혼자서 탈 수 있어.

끝까지 다 태워버릴 수 있어.
뜨겁게 다 녹아내릴 수 있어.

마지막 한 방울
빛
다할 때까지.

3부

그 밥

별 5

멀리 있어 별이다.
그리움이다.

빛이 있어 별이다.
그리움이다.

어둠이 있어 별이다.
그리움이다.

어둠이 살지 않는 하늘엔
별도 살지 않는답니다.

별이 살지 않는 하늘엔
그리움도 살지 않는답니다.

바라볼 수 있어 별이다.
그리움이다.

별 6

어두워 마라.
두려워 마라.

어둠이 있는 하늘에 빛이 있단다.
어둠 너머 하늘에 별이 있단다.
어둠 너머 하늘에 네가 있단다.

하늘에 하늘이 보이지 않는 때
별들도 더불어 보이지 않는 때.

어두워 마라, 두려워 마라.
어둠 너머에 별들 그대로 빛나고 있다.
      너도 그렇게
           빛나고 있다.

길 3

세상길 어둡거든
눈을 감아 봐.
눈을 감고 어둠과 함께
어두워져 봐.

어둠 속에는 침묵이 있고 고요가 있지.
어둠의 길 위에
너를 놓아 봐.

어둠 속에 너의 어둠을 내려놓아 봐.
어둠의 침묵과 고요 속에
네 어둠의 침묵과 고요를
내려놓아 봐.

어둠 속에 별이 돋아나거든
하늘 아래 길을 내려놓아 봐.
별빛을 밟으며
너를 떠나 봐.

길 4

두려워 말아라.
의심 말아라.
가는 곳 어디든 길은 있다.
천둥 번개 사나워도
작달비 내리쳐도.

비 그치면 해 빛나고
어둠이 덮여 오면 별 빛난다.
하늘과 함께, 어둠과 함께
길이 되어
별이 되어.

하늘에는 하늘의 길이 있고
어둠 속에는 별들의 길이 있다.
천둥에는 하늘을 울리는 소리의 길이 있고
번개에는 어둠을 가르는 빛의 길이 있다.

어둠이 되어
천둥이 되어
번개가 되어

〈
가거라.
　　　천둥 번개
　　　　　하늘의 길.

* 굵고 거세게 내리는 비.

길 5

길 위에 가고 있는
발자국을 본다.

발자국 아래 가고 있는
길을 본다.

너의 길 위에는 너의 발자국
내 길 위에는 내 발자국.

발자국이 가는 곳에
길이 간다.

바다

부서지고 싶었다.
파도가 밀려와 부서지고 있었다.
바람이 함께 와 부서지고 있었다.

바다가 파도에
파도가 바람에
바람이 파도에
넘어지고, 부서지고 있었다.

그렇게 부서져 다시 바다가 되는
부서져 다시 파도가 되는.
부서져서도 부서지지 않는
넘어져서도 넘어지지 않은.
바다가, 파도가
되고 싶었다.

부서지지 못하고
보고만 왔다.
나에겐 아직 바다가 없다.
파도가 없다.

왔다 가는 바람만
불고 있다.

책 1

장수帳數가 많아 두꺼운 책이 있고
장수가 적어 얇은 책이 있다.

두께가 두껍다 하여 두터운 책이 되는 것은 아니다.
두께가 얇다고 하여 엷은 책이 되는 것도 아니다.

두꺼운 책은
뜻이 두터워야 두꺼운 책이 되는 것이고
얇은 책은
뜻이 엷어 얇은 책이 되는 것이다.

저기
세상에, 하늘에는
얇지만 두터운 책들이 있다.
아주 많다.
평생을 두고두고 다시
배워야 하는.

그리고
세상에도 하늘에도 가장 쉽고 가장 어려운

그래서 세상과 하늘 가장 으뜸인
오로지 한 권.
'나'라는 제목의 책이 있다.

몇 페이지일까.
평생을 두고두고 다시 펼쳐야 하는.
그렇게 다시 고쳐
써야만 하는.

책 2

오늘 밤도
본다.
책 이름. 별.
지은이. 공저. 하늘과 어둠.

천지간에 딱 한 권
페이지도 딱 한 페이지
한 페이지 한 권.

그러나 광대하다.
무변無邊하다.
무수하다.
천변千變하고 만화萬化한다.
만상萬象을 함장含藏한다.

하나가 전부
전부가 하나.
하늘
한 페이지.
〈

다 읽은 이 없다.
영원히
      없다.

별 7

로드킬˚을 보았다.
낭자한 피
널브러진 살.

밤.
뜰에 내려
하늘을 본다.

새로 난 별자리
새로 난 별 하나 떠 있을세라.
떠 있을세라.

아래 세상살이 못다 거둔 몸.
웃 세상
하늘나라 별나라로 무사히 돌아갔을까.

그것의 피와 살, 그리고 넋.
하늘의 피, 살이었을까.
넋이었을까.

별이었을까.

* 길 위에서 사고를 당한 동물의 사체.

바닥

비가 내리면 비를 맞는다.
눈이 내리면 눈을 맞는다.
비에 젖는다.
눈에 덮인다.

저기 말없이
바닥에 엎드린 청춘이 있다.
청춘이 엎드린 바닥이 있다.

처음부터
바닥
딛고 안고 일어서는
젊음이 있다.

바닥이 일어나 하늘을 본다.
비를 맞는다.
눈을 맞는다.
피하지 않는다.

바닥

시작.
그리고
　　　끝.

광학 일기 3

어둠이 있는 곳에 빛이 있었다.
어둠의 입자(粒子)가 있는 곳에 빛의 입자가.
빛의 입자가 있는 곳에 빛의 존재가.

그리고 존재의 탄생이 있었다.
빛과 빛이 만나는 곳에.
빛의 입자와 빛의 입자가 만나는
충돌하는 곳에.

우리의 눈빛이 꽃의 눈빛을 만나
꽃빛이 되듯
꽃눈이 되듯.

우리의 눈빛이 별의 눈빛을 받아
별이 되듯
별빛이 되듯.

* 빛의 입자인 광자와 광자가 충돌하면 물질이 탄생한다고 한다. 최근 연구.

광학 일기 4

가을 가고
겨울 오는데.
우듬지 가지 끝
남아 있는
푸른 잎 하나.

아직 다 배우지 못했어.
푸른빛 내리는
빛 떠나는
지는 법, 버리는 법
떠나보내는 법.

바람이 그랬어.
햇빛이 그랬어.
하늘이 그랬어.
가을을 건너 겨울로 가는
겨울을 지나 봄으로 가는.

우듬지 가지 끝
푸른 빛 하나.

겨울, 그리고
　　가을이었어.

* 나무그루의 맨 윗부분.

광학 일기 5

간곡한 눈빛은
바라보는 그것의 눈빛을 닮는다 하지.
그것의 눈빛을 훔쳐 갖기도 한다고 하지.
간절함 그윽하기 지극할 양이면
하나가 되는 수도 있다고 하지.

빛의 속도
눈빛과 눈빛
가슴과 가슴.

너의 눈빛과 별들의 눈빛
너의 가슴과 하늘의 가슴.

너의 눈빛은 별의 눈빛에
별의 눈빛은 너의 눈빛에.

하늘의 가슴은 너의 가슴에
너의 가슴은 하늘 가슴에.
   별들의 나라
      하늘 가슴에.

광학 일기 6

어둠이 있어서
별이 있어서.

별이 있어서
    빛이 있어서.

빛이 있어서
꽃이 있어서.

꽃이 있어서
    네가 있어서.

그 밥

그때는 참
고개를 참 많이 숙였다.
허리도 참 많이 굽혔다.

농사일하며 학교 다녔다.
공부할 때는 책을 향해 고개를 숙였다.
일할 때는 흙을 향해
허리를 굽히고 고개를 숙였다.

그때는 몰랐다.
내가 책을 향해 고개를 숙이는 것이 아니라
내가 흙을 향해 허리를 굽히는 것이 아니라
거기 책이 있어
거기 흙이 있어
책이 나로 하여금 고개를 숙이게 한다는 것을
흙이 나로 하여금 허리를 굽게 한다는 것을.
고개 숙이는 일이
허리 굽히는 일이
책과 흙이 다르지 않다는 것을.
〈

벼가 익어 이삭이 고개 숙이면
고개 숙인 벼를 향해 고개를 숙였다.
허리를 굽히고 벼를 베어 볏단을 묶었다.
지게에 지고
허리를 굽히고 고개를 숙이고 집으로 왔다.

지금은 그런 밥을 먹을 수 없다.
논에서 갓 베어 말려 절구에 갓 찧어낸
하얀 햅쌀로 갓 지어낸 새하얀 햇밥.
고개를 숙이지 않고는 먹을 수 없던.

말로는 할 수 없는 그 밥의 맛.
지금은 어디서도
맛볼 수 없는.

4부

한 사람

한 사람 1

서로
보여주기는 없기로 했다.
손바닥에 딱 한 사람 이름을 쓴다.
죽음의 하늘을 향해 뛰어내린다.

순간
불 현 듯*
하늘에 나타나 보이는 사람.

그 사람
이름
손바닥 확인은 하지 않기로 했다.

함께
죽음의 번지점프를 하기로 했다.

* '불 컨 듯'의 옛말 꼴.

사랑 1

사랑이 있는 곳에
네가 있었다.

네가 있는 곳에
사랑이 있었다.

사랑이 있는 곳에
네가 없었다.
내가 없었다.

네가 없어서
내가 없어서.

내가 없는 곳에 사랑이 있었다.
네가 없는 곳에 사랑이 있었다.

사랑이 있는 곳에
사랑이 있어서.
〈

사랑이 나를
　　　사랑이 너를
　　　　　　지워버려서.

사랑 2

눈물이 되어 흘러내렸습니다. 흐르고 흘러내렸습니다. 사랑이 되어 흘러내렸습니다. 하염없이 흘러내렸습니다.

옛적. 그 나라. 어여쁜 공주 하나 있었습니다. 어이타. 천인(賤人)의 사내를 사랑하고 말았습니다. 끝까지 굽히지 않았습니다.

궁궐 깊은 방. 구중심처 심연에 갇히고 말았습니다. 깊디깊은 사랑의 어둠의 심연. 가라앉고 말았습니다.

사랑이. 뜨거운 눈물이 되어 내렸습니다. 눈물이 하늘이 되어. 하늘이 호수가 되어. 호수에 비가 되어 내렸습니다.

모두 다 잠기고 말았습니다. 눈물의 호수가 되고 말았습니다. 사랑의 호수가 되고 말았습니다. 하늘 아래 세상. 가장 따뜻한.

* 키르기스스탄. 이식쿨 호수 옛이야기. '이식쿨'은 '따뜻한 호수'라는 뜻의 키르기스 말.

사랑 3

너 때문 아니다.
나 때문 아니다.

꽃나무 저 혼자 뜨거워
속앓이하는 거다.

못 이겨 소리 없이
꽃눈 내는 거다.
못 이겨 소리 없이
봉오리 붉혀 여는 거다.

    붉게 피고
        곱게 지는 거다.

사랑 4

그것이 본디 무슨 법이 있는 것이더냐.
본디 아무 이유도 없는 것이더냐.

붉은 해 아침에 하늘에 떠오르고
둥근 달 저녁에 둥실 떠오르듯
하늘을 넘고
바다를 건너가듯.

바람 불어 잎 나고 꽃눈 터져 붉어지듯
비 내리고 비 그치고
무지개 그려지듯.

그것이 본디 무슨 법이 있는 것이더냐.
아무러한 법도 본디 없는 것이더냐.

사랑 5

사랑이라 하는 것
빛과 그림자.

그림자가 없는 것
빛과
그림자.

빛은 빛이라서
그림자가 없다.

그림자는 그림자라서
그림자가 없다.

빛과 그림자.
있는가, 없는가.
       둘인가.
           하나인가.

사랑, 그리고 섹스

무성생식 하는 것들은 그렇다 치고
생명이 있는 모든 것들은
애가 타기 숨이 질 듯 아련한 그 사랑이라 하는 일을
온몸이 잦아들고 숨통이 멈출 듯한 섹스라는 그 질척한 짓을
반드시 그렇게 해야만 하는 걸까.
무엇을 증험하려
그리하는 걸까.

사랑이라 하는 그 일이 바로
섹스라 하는 그 짓이 바로
생명이 있는 생명들의 생명의 증거.

실증과 확증을 맡아 말해주는
거부할 수 없는 저
생명의 유혹.

앨버트로스

하늘을 나는 즘생 가운데
가장 큰 즘생.
'하늘을 믿는 새'
이름 '신천옹信天翁"
평생을 더불어 하늘에 산다."

날개를 펼쳐 하늘에 올라.
하늘에 몸을 싣고
하늘을 몸에 싣고
하늘에 사는
하늘을 사는.

날개가 큰 새는 집을 갖지 않는가.
날개가 집이고, 하늘이 집.
날개가 하늘이고
하늘이 날개.

    날개 큰 짐승이 말을 합니다.
    하늘을 믿는 새가 말을 합니다.
    그런데 하늘은 너무 넓다고

그런데 하늘은 너무 높다고
그리고 하늘은
　　　너무 멀다고.

* 앨버트로스의 한자어 이름.
** 번식기에는 육상 생활도 함께함.

끝판왕

 그의 운동법. 기구 사용. 절대 금지. 기구가 나를 운동시켜 주는가. 내가 기구를 운동시켜 주는가. 반품*짜리. 기계화는 싫어. 제 몸의 운동 기구화.

 마침내 등판. 괴물 같은 놈. 기계화의 끝판왕. 인공지능. 어쩌란 말인가. 어쩌잔 것인가. 뇌까지. 넋까지. 팔다리. 손가락까지.

 영장류. 알량한 이름조차. 생명체의 분류 목록에서 지워버리고. 그만. '기계류'로 바꿔 타자는 건가.

 인간 폐업. 얼마를 더 편리하게. 무엇을 하며 살자는 건가. 호모 사피엔스 사피엔스**는 자멸하는가. 생각하는 갈대는 사라지는가.

---

* 품: 일하는 데 드는 힘, 또는 수고.
** 호모 사피엔스 사피엔스: 슬기롭고 슬기로운 인간.

물

제 몸 더럽혀
남을 씻는다.
세상 적신다.

때로는 구름이 되어
하늘 거닐다가.

때로는 강물이 되어
세상 떠돌다가.

바닥 아래 속에 스며
      땅 밑
           흐르다가.

샘물이 되어
      세상 밖
           솟아오르다가.

연어

연어의 유품遺品.
살아 있는 생명들에게 양식으로 남긴 연어의 사체.
주검에 담아 남긴
연어의 유언.

"연어는
세상으로부터 무엇을 얻으러 세상에 온 것이 아니라
세상에 필요한 무엇인가를 다시
돌려주러 온다."

사랑이라고 할 수 있을까.
너라면
나라면
할 수 있을까.

처음이자 마지막
숨을 놓는.
한 번의 사랑
한 번의 산란
그리고 죽음.

〈
이제 가면 숨을 다시 내려놓아야 하는
세상 단 한 곳
생명을 받아 난 그 한 곳 고향을 찾아
숨을 끊어 이뤄야 하는 그 단 한 번의 사랑을 찾아
기필코 이뤄야 할 그 절명絶命의 사랑을 찾아
몸 바쳐 오르는 물길 수백 수천 리.

마침내 애끓는 그 몸 밖의 사랑*.
찬연한 산란
거룩한 죽음.

어쩌랴, 그것이 하늘인 것을.
이것이 연어의 사랑인 것을.
그렇게 하늘로 돌아가야만 하는
이리도 어이없는 하늘의 법전法典.
거룩하지 않은 죽음과 넋이
어디 있으랴

* 체외 수정.

한 사람 2

1.
세상에
한 사람.
하늘에도
딱 한 사람.

밥 짓고 설거지
청소하고 빨래하기…
아주 당연하기
하늘의 법이란 듯.
해가 뜨고 달이 지듯 쉬어가는 일이 없이
힘들다 싫다는 말 단 한 번 하지 않고.
우리 집이 하늘인 양
우리 집 지킨 사람.

요즘 세상
너무도 쉽게 하는
정에 겨운 그 가벼운 말은 시치미 떼어 어디 두고.
아득하고 그윽한 그 말 어디 모셔 숨겼는지.
그 말도 하늘인 양
아껴 두고 쓰지 않는.

2.
그리고 이런 사람.
그 집에 한 데 사는.

어리숙디 어리숙은 더꺼머리 사내 하나.
술 좋아 친구 좋아
몰라라 세상 물정 따위 세상 멀리 던져 놓고.
오늘 밤도 짧을세라
새벽에나 집에 오는.

그런 사내 맞이 나와
밤샘으로 기다리기
몇 밤이나 하였던가.

그리함도 어이 꽃다웁다 여겼던지.
별다워라 어이 체념 단념하였던지.
오늘 밤은 달바라기
내일 밤은 별바라기.

꽃나이 아까웨라, 못다 한 별빛 세월.

깊이깊이 우겨 안고
　가슴에 한울 두고.
　　양손에 보물인 양
　　　주먹 쥐고
　　　　사는 사람.

한 사람 3

 당신 오래 살아. 나 별 되는 거 보고 가야지. 나도 당신보다 오래 살 거야. 나도 당신 별 되는 거 보고 가야지.

 그런데 그리할 수가 없네.
 마냥 그렇게 수가 없네.

 당신이 나 별 되는 거 보고 가려면. 나보다 당신이 더 많이 살아야 하네. 내가 당신 별 되는 거 보고 가려면. 너가 당신보다 오래 살아야 하네.

 그러나 그래도 할 수가 없네.
 마냥 그리할 수밖에 수가 없네.

5부

네가 보였다

꽃 1

앓고 나면
꽃이 보였다.

꽃을 앓고 나면
꽃이 보이듯

너를 앓고 나면
꽃이 보였다.

꽃을 앓고 나면
네가 보였다.

꽃을 앓고 나면
꽃이 보이듯.

꽃 2

세상에는 꽃이
참 많지요.
그러나 꽃은 하나랍니다.

사람들
눈가에나 방긋하는 꽃도 꽃이기는 하려니와
눈가에 피는 꽃은 눈의 일에나 맡기고요.
눈빛만으로는 피울 수 없는 꽃이 있다지요.

누군가의 가슴에나 피어 지는.
그 가슴 꽃으로 피워
꽃으로 지는.

세상천지 하나인 꽃
하나 있다지요.
가슴에나 피는 꽃
하나 있다지요.

피고 지는
지고 다시 피는.

져서도 살아
지고도 지지 않는.

꽃 3

어둠이었을까.
빛이었을까.
세월이었을까.

앓고 나면
어둠이 보이고 빛이 보였다.
빛이 보이고 꽃이 보였다.

언제부터 꽃은
꽃이 되었을까.
피어났을까.

무슨 열병 얼마를 앓고
무엇을 잃고
얼마를 알고.

어인 그리움
무슨 신명의 홀림에 들려.
꽃 넋에 불려
꽃 넋을 향해.

* 어둠 속에서. 별이 나고. 빛이 나고. 지구가 생겨나고. (43억 6천만 년이 지난 1억 4천만 년 전.) 중생대 말기 백악기에. 꽃이 피어 씨앗을 만드는 속씨식물이 처음 나타났다고 한다.

꽃 4

꽃들은 말한다.

이제야 피었다고
이제 진다고
철이 없는 꽃이라 하지 말아요.
철모르는 꽃이라 하지 말아요.

말없이 피면서
피고 지면서
꽃들은 꽃으로 말을 합니다.

꽃은요.
피고 지는 때가 따로 없어요.
피는 그때가 철이고요.
지는 그때가 때이지요.
그렇게 꽃은
철이 없지요.
때가 없지요.

피는 그때가 그 꽃이 피어야 하는

지는 그때가 그 꽃이
져야만 하는.

꽃 5

혼자서 피고
혼자서 지는
꽃이 있다.

혼자서 피고
혼자서 져도
외롭지 않다.

꽃으로 피고, 꽃으로 지는
꽃으로 지고 다시 꽃으로 피는.

꽃으로 피어
외롭지
아프지 않은.

꽃 6

꽃이 진다고 슬퍼하지 마.
애타 하지 마.
아파하지 마.

한 번 피어
지고 마는
꽃은 없는 법.

꽃이 진 자리 꽃눈이 남아
꽃씨가 남아
겨울을 나는.

시간을 넘고
  공간을 넘는
    제빛을 넘는.

꽃 7

밤사이
어제 진 그 꽃 넋이
다녀갔나 보다.

아침에 피어
저녁에 지는.

저녁에 져서
아침에 새로
피어나 있는.

밤사이 새로
　　피어나는 꽃.

꽃 8

꽃이
제 꽃이 아닌
다른 꽃을 피우는 일 본 적 있나요.
남의 꽃을 피우는 일 본 적 있나요.

꽃은
남의 꽃을 피우지 않는답니다.
제 꽃이 아닌
다른 꽃은 피우지 않는답니다.

언제나 그 꽃
하염없이 하염없이 피운답니다.
하염없이 피우고
지운답니다.

그렇게 지우고 또
피운답니다.

꽃 9

꽃 도장
받아왔다.
내 눈동자에.

꽃으로부터
꽃의 눈동자
내 눈동자에.

가슴에
이마에도
판 박아 왔다.

    붉은빛 꽃 도장
        꽃 문신 하나.

꽃 10

꽃이
진다.

생명이 있는 생명 가운데
누가 있는가.

아니라고 말할 수 있는
무엇이 있는가.

꽃이 지면서
하늘 바라보며 하늘 아래 내려놓는 말.

  그곳으로 다시 가야 한다는.
    그리고 다시
        와야 한다는.

꽃 11

번식기 또는
생식기라 하기도 하는.

우리 지구별 생명 가운데
아니 그보다
지구별이 사는 은하 그리고 우주 가운데.

이보다 더
더 고운 생식기
본 적 있는가.
어디 있던가.

하늘 향해, 빛을 향해
세상을 향해.
'암'과 '수' 같은 것 가리지 않고.

   부끄림 없이
      제 한 몸 환히
         열어 보이는.

꽃 12

꽃이 나에게.

꽃의 미소를 보셨다고요?
때마다 주고 받는다고요?
아마도 헛것이었겠지요.
마음이 먼저 앞서가 지극해지면
때로 환영幻影을 불러오거나
중복성 착시 상을 지어내지요.

사실의 눈으로 바라보면
꽃의 미소는 평생 네 번이랍니다.

첫 번 미소는
꽃눈이 꽃봉오리로 부풀어 올라
꽃송이로 피어날 때의 개화 미소이고요.
다음은
수술의 꽃가루♂가
암술머리에 내려앉아 꽃가루관을 타고 씨방˚에 내려
암컷의 밑씨우와 한 몸이 되는 신방 합궁의 미소이고요.
〈

세 번째는 씨를 맺는 결종結種의 미소.
마지막은 귀천歸天의 미소랍니다.

다 저 혼자
속으로만 짓는 미소이지요.
꽃은
바깥 웃음은 내지 않는답니다.

* 꽃의 신방.

꽃 13

너의 눈이 꽃의 눈을 바라보았을 때
꽃의 눈이 너의 눈을 마주하였을 때.

너의 눈빛이 꽃의 눈빛을 반짝이었을 때
꽃의 눈빛이 너의 눈빛을 반짝이었을 때.

꽃의 눈빛을 받아 너의 눈빛이 꽃의 눈빛이 되었을 때
너의 눈빛을 받아 꽃의 눈빛이 너의 눈빛이 되었을 때.

꽃의 눈빛이 너의 눈에서 꽃이 되었을 때
너의 눈빛이 꽃의 눈에서 꽃이 되었을 때.

그렇게 네가 꽃과 하나 되었을 때
꽃의 눈빛 꽃 빛과 하나 되었을 때.

꽃 14

꽃이
피었다.

빛이
피었다.

네가
피었다.

오늘은
아무것도 하지 말아야겠다.
아무것도 하지
말아야겠다.

아무 일도 하지
말아야겠다.

꽃 15

죄라면 그게
죄이지요.

빛을 받아
빛으로 피어
꽃으로 지는.

꺾이기 위해 피는 꽃 아주 없건만
꺾이어도 아프다 말 안 하고
빛과 꽃 고이 피워 꺾이는 죄.

꺾이어도 빛은
꺾이지 않는.

죄를 모르는 죄밖에는
죄가 없다는.

해 설

아직 길이라 불리지 않는 길 위의 순례

우대식(시인)

 해야 시인의 시집 『달이 떴어』를 읽으며 느낀 정서적 충격은 과연 어디에서 비롯되는가, 하는 문제는 시란 무엇인가의 근본적인 물음에서 비롯된다 할 것이다. 근대성에 대한 반성에서 비롯된 서구 미학의 이론이 지난 이십여 년간 한국의 시론에도 온전하게 녹아들어 왔음을 생각할 때 전통적 제재를 바탕으로 동양적 사고를 형상화한 이 한 권의 시집은 다분히 문제적이라 할 수 있다. 지음, 사랑, 산, 길, 꽃 등의 연작을 통하여 시적 화자가 보여주는 가장 중요한 시적 테마는 스스로 수행의 여정에 있음을 고백하는 장면이다. 종교적 신념과 같은 궁극의 세계를 밀어가는 시적 태도는 시라는 밀교 의식을 행하고 있는 듯한 인상을 던져준다. "가 보지 못한 길은 있지만. 가 보지 못할 길은 없다고 한다. 아직. 길이라 불리지 않은 길도 있다고 한다."(「길 2」 부분)는 고백적 진술은 시라는 밀교를 향한 시적 화자의 여정이 얼마나 영성에 차 있는가를 여실히 보여준다.

> 채워야 할 것 있다고 했다.
> 비우는 일이라고 했다.
> 비우는 일로 비우는 일을 비워 채워야 하는.
>
> 비워야 할 것이 있다고 했다.
> 비워야 한다는 생각이라고 했다.
> 비워야 한다는 생각을 비워 비워야 하는.
>
> 달이 간다.
> 밤새워 하늘
> 채우며 간다.
>
> 밤새워
> 하늘
> 비우며 간다.
>
> -「지음 2」 전문

지음 연작에서 지음은 백아와 종자기의 고사에서 비롯된 절친한 친구라는 구체적인 대상을 뜻하는 동시에 타자로서의 모든 존재를 의미하기도 한다. 이 시에서 말하고 있는 채워짐과 비움의 미학은 노자의 허虛 또는 곡신谷神의 개념과 일치한다. 수레바퀴와 그릇 그리고 문과 창은 모두 비어있음으로 그 쓰임새가 있게 되는 것들이다. 실재하는 유有와 보이지 않는 허虛는 상호의존적 관계이다. 유의 구체적 쓰임은 무에서 비롯된다는 노자의 사상이 시로써 관철된 예를 우리는 보게 된다. 1연의 "비우는 일로 비우는 일을 비워 채워야" 한다는 모순돼 보이는 시적 진술은 진리에 도달하고 싶은 언어의 욕망과 관련이 있다. 타락한 언어의 일반적 쓰임으로는 직관적 진리에 도달할 수 없다는 인식은 불교에서의 불립문자와 같은 인식을 확산시켰다. 시적 언어가 종교적 언어와 궤를 함께하는 이유도 바로 단숨에 진리에 도달하고 싶은 욕망을 품고 있기 때문이다. 2연의 "비워야 한다는 생각을 비워 비워야" 한다는 시적 진술이 거의 종교적 경구와 맞먹는 이유도 바로 언어 쓰임의 유사성에서 비롯된다. 지독한 역설 혹은 아이러니의 뒷면에 새겨진 인식의 갱신도 같은 인식에서 출발한다 할 것이다. "가고 나서 알게 되었다./네가 채우고 있어 없었던/보이지 않던 자리."(「지음 5」부분)에서도 있음이란 없음에서 비롯된다는 자명한 진리를 시적으로 형상화하고 있다. 무와 유의 변증법 사이에 시적 화자의 의식에 명징하게 살아 있는 또 다른 기제는 어둠이다.

바라볼수록

살아볼수록

걸어볼수록

세상은 점점 더 넓어만 가고

어두워 가고

멀어져 가고.

나도 따라 어두워져

멀어져 가고

작아져 가고.

어느 날 어둠 속

별이 빛나던

별을 보았던.

어둠을 가르는 아득한 소리.

어둠을 지르는 불빛의 소리.

두려워 마라.

어두워 마라.

어둠 속 가만히 귀 기울이고

어둠 속 두 주먹 눈 부릅뜨고.

어둠의 소리를 들어 보아라.

하늘의 소리를 들어 보아라.

별이 어둠 속에 태어나는 일.
그리고 어둠 속
빛이 되는 일.

- 「어둠에 대하여」 전문

  이 시에서 어둠이란 밝음의 대립으로서의 무엇이 아니라 노자 도덕경에서 말하는 현묘玄妙와 같은 의미를 지닌다. '이 두 가지(無와 有)는 동일한 데서 나와 서로 다른 이름을 가지지만 모두 현玄이라 불리운다(此兩者 同出而異名 同謂之玄)'. 도덕경의 이 구절에서 현玄이란 현묘하고 심오하여 잡아내기 어려운 지경이며 모든 근원을 품고 있는 상태라 할 수 있다. 색色과 공空, 유有와 무無의 구분을 넘어 그 모두를 품고 있는 무분별의 상태가 어둠인 것이다. 세월의 흐름을 관통해 읽어낸 노장의 눈에 남은 것은 어둠이다. 어둠이야말로 모든 것을 품고 있는 근원적 세계이며 따라서 "나도 따라 어두워져" 간다는 것은 자연의 근원으로 돌아간다는 것을 말하고 있는 셈이다. 더 나아가 어둠은 광대무변한 모성을 품고 있다. "별이 어둠 속에 태어나는 일"이란 천지개벽이며, 별이 "어둠 속/빛이 되는 일"이란 지극한 모성의 실천적 결

과인 셈이다. "어둠 속에는 별들의 길이 있다"(「길 4」부분)는 시적 묘사는 어둠이란 궁극적으로 모든 생명의 운행을 주관하는 현묘(玄妙)함을 품고 있다는 뜻이다. 그러한 의미로 살아가면서 스스로 어두워져 가고 두려운 가운데 어둠의 소리를 들으려 귀 기울이는 행위는 자연스럽게 수도자의 자세를 연상시킨다. "나는 무엇인가./어디 있나./어디 가는가."(「별 3」부분)와 같은 질문이야말로 이 시집이 수도자의 여정이라는 것을 명백히 보여준다고 할 수 있다.

이 시집에서 눈여겨본 다른 하나는 "나"라는 자의식에 대한 탐구였다. 해야 시인의 시들이 일견 단순한 듯 보이면서도 늘 본질적인 탐구를 보여주는데 나에 대한 물음은 시적 자의식과 관련되어 고양된 정서를 표출하고 있다.

> 부서지고 싶었다.
> 파도가 밀려와 부서지고 있었다.
> 바람이 함께 와 부서지고 있었다.
>
> 바다가 파도에
> 파도가 바람에
> 바람이 파도에
> 넘어지고, 부서지고 있었다.

〈

그렇게 부서져 다시 바다가 되는

부서져 다시 파도가 되는.

부서져서도 부서지지 않는

넘어져서도 넘어지지 않은.

바다가, 파도가

되고 싶었다.

부서지지 못하고

보고만 왔다.

나에겐 아직 바다가 없다.

파도가 없다.

왔다 가는 바람만

불고 있다.

- 「바다」 전문

 "부서지고 싶었다"는 고백이야말로 시적 화자의 본질적인 욕망의 행위적 실체라 할 수 있다. 바다와 파도 그리고 바람이 한데 어우러져 부서지는 역동적인 자연 앞에서 자신도 그와 같이 되고 싶다는 욕망은 시인으로서의 자의식과 관련되어 있다는 추론도 가능할 터이다. "부서지지 못하고/보고만 왔다"는 시적 진술은 자신의 시적 파토스가 아직 바다와 파도처럼 서로 부딪치며 부서지거나 넘어지지 못했다는 회의를 보여준다. 하여 "나에겐 아직 바다가 없다./파도가 없다"는 비장한 시적 고백에 이르게 되는 것이다. 그러나 이러한 시적 파토스가 그대로 사라지는 것은 아니다. 아직 "바람"이 불고 있다. 이 바람은 언젠가 바다와 파도를 만나면 부서지고 무너지는 시적 파토스를 보여줄 것이다. 그러기 위해서는 끝없이 자아를 응시해야 한다. "찾아가야 할 곳/나밖에 없"(「나 2」 부분)다는 투철한 자기 인식 역시도 시적 파토스의 절정을 보여준다. 세상에서 가장 으뜸인 책은 "오로지 한 권./'나'라는 제목의 책이 있다"(「책 1」 부분)는 시적 형상화도 바다나 파도처럼 부서져 내리고자 하는 욕망의 폭풍전야를 유감없이 보여준다. 그 모든 것을 아울러 자화상을 그려낸 시가 있다.

  어디 가는가.
  산에 가네.
  무엇 하러 가는가.
  놓아줄 것 있어 '놓아주러' 데리고 가네.
  산에나 놓아줄
  한 마리 즘생.
  〈

그 즘생도 그리 해 주기를 바라고 있나.

그렇다네.

즘생 이름은 무어라 하는가.

그냥 즘생이라 하기도 하고

'나'라고도 하기도 하네.

산의 허락은 받았는가.

쉬운 일은 아니지만

나 스스로 그리 못할 양이면

산이 나를 잡아

산에 놓아 살게 해 주는 수도 있다고 하네.

놓아주었는가.

멀었다 하네.

산의 말로는

한두 번

열 번 백 번으로 되는 일이 아니라 하네.

끝까지 한번 해 볼 셈인가.

그래.

될 때까지 한번

해 보려 하네.

* 放生.

-「산 1」 전문

  이 시에서 "산"이라는 공간의 상징은 걸림 없는 자유의 공간적 표상이며 궁극의 지향점이다. 그러나 원한다고 해서 언제나 입장 가능한 곳이 아니며 시적 화자의 의지가 관철되는 공간도 아니다. 시적 화자가 "산"에 놓아주고 싶은 것은 "나"라고 불리는 "한 마리 즘생"이다. "한 마리 즘생"이 스스로 산에 방생되기를 바란다는 것은 평온한 현실을 버리고 미지의 세계로 진입한다는 것을 뜻한다. 입사양식으로 "산"으로 들어간다는 것은 시적 자의식의 고단한 투쟁을 연상시킨다. "쉬운 일은 아니지만"이라는 단서야말로 앞에 놓인 장애를 넘어 자신의 의지를 관철시키려는 육탄의 몸부림을 보여준다. 앞에서 이미 말한 수도자의 여정이라는 것도 궁벽한 곳에 자신을 위치시키고 대자유를 얻고자 하는 시적 화자의 의지와 관련이 깊다. "한두 번/열 번 백 번으로 되는 일이 아니라"는 것을 알면서도 "될 때까지 한번/해 보려" 한다는 의지의 표명에는 존재론적 간절함이 묻어난다. "나"라고 하는 "한 마리 즘생"의 일생을 건 마지막 싸움은 표면적으로 보면 자유와 같은 개념이지만 이면의 의미로 보자면 시적 자유 혹은 부단한 시의 갱신을 뜻한다 할 수 있다. "내가 나를 세상에 훔쳐"(「산 6」 부분)내지 못하도록 산으로 들어간다는 것은 스스로를 위리안치시키는 처절한 자기 헌신의 자세라 할 수 있다. 바로 이 "산" 안에 시적 자의식이라는 실존이 숨 쉬고 있는 것이다.

부서져 내린 육신이 꽃이 되는 지경으로 자신을 산으로 견인하고자 하는 거울을 든 시인을 만나게 되는 것이다. 그 시인이 든 거울은 영원히 깨지지 않는 사랑이라는 이름의 거울이다.

> 그것이 본디 무슨 법이 있는 것이더냐.
> 본디 아무 이유도 없는 것이더냐.
>
> 붉은 해 아침에 하늘에 떠오르고
> 둥근 달 저녁에 둥실 떠오르듯
> 하늘을 넘고
> 바다를 건너가듯.
>
> 바람 불어 잎 나고 꽃눈 터져 붉어지듯
> 비 내리고 비 그치고
> 무지개 그려지듯.
> 〈

그것이 본디 무슨 법이 있는 것이더냐.

아무러한 법도 본디 없는 것이더냐.

- 「사랑 4」 전문

만해 한용운의 유장한 문체에 실린 철학적 언술을 이 시에서 다시 마주하게 된다. 사랑은 본디 무법이며 무원리 상태의 자연이라는 직관적 이해는 앞에 말한 현묘함과 그 맥이 상통하며 더 나아가 자타불이自他不二의 사상과도 맥락이 닿아 있다. "본디 아무 이유도 없는 것"이 사랑이라는 직관적 규정은 탁월한 혜안을 보여준다. 사랑은 붉은 해와 달이 하늘에 떠올랐다가 지는 것과 같은 것이다. 바람을 만나 꽃이 피듯 사물과 사물의 자연스러운 만남이 바로 사랑이라는 깨달음은 세계를 너와 나로 가르고 나누는 것으로부터 멀어진다. 너와 나의 거리가 없어지면 너와 나는 둘이 아니며 커다란 생명의 원리 안에서 하나인 셈이다. 그랬을 때 "제 몸을 더럽혀/남을 씻는"(「물」 부분) 행위는 자연스러운 것이며 "바닥과 정상이/따로 없"(「산 4」 부분)다는 인식에 도달하게 되는 것이다. 이렇듯 광대무변의 우주를 하나의 세계로 관貫할 때 사명여천事命如天과 같은 사랑이 움트는 것이다.

로드킬을 보았다.

낭자한 피

널브러진 살.

밤.

뜰에 내려

하늘을 본다.

새로 난 별자리

새로 난 별 하나 떠 있을세라.

떠 있을세라.

아래 세상살이 못다 거둔 몸.

웃 세상

하늘나라 별나라로 무사히 돌아갔을까.

그것의 피와 살, 그리고 넋.

하늘의 피, 살이었을까.

넋이었을까.

별이었을까.

* 길 위에서 사고를 당한 동물의 사체.

- 「별 7」 전문

"로드킬"로 인한 "낭자한 피"와 "널브러진 살"이라는 그로테스크한 상황에서 시적 화자는 "하늘을 본다". "새로 난 별자리"를 찾는 시적 화자의 심리적 기제는 연민이며 안타까움이라 할 수 있다. 자신의 의지와는 상관없는 돌발적인 죽음 앞에서 하늘로 돌아가 "별"이 되었으면 좋겠다는 바람은 생명이 있는 모든 것들은 동등한 가치를 가지고 있다는 사고에서 비롯된다. 사람을 하늘처럼 섬겨야 한다는 동학의 핵심적 사상인 사인여천事人如天을 확장하면 생명 있는 모든 것을 하늘처럼 섬겨야 한다는 사명여천事命如天 정도가 될 것이다. 시적 화자는 생명이 있는 것은 그 무엇이나 하나의 별자리를 가지고 있다고 믿는다. 그 "별자리"는 "피와 살, 그리고 넋"의 흔적이며 어떤 죽음도 기억되어야 한다는 인간주의를 내포하고 있다. 살만한 세상이란 개체와 개체 사이의 믿음과 서로의 가치에 대한 존중에서 비롯한다. 하지만 오늘날의 현실이란 자본주의의 절정을 보여주며 생명조차 자본으로 환산되는 일이 다반사인 세상이다. 버려진 것들 혹 죽음에 가까운 것들에 대한 연민은 인간 더 나아가 생명 회복의 바탕이며 불안한 실존에게 따듯한 위로를 전하는 것이다. 현실의 눈으로 보자면 낭만적인 이 태도야말로 늘 패배의 운명에 직면하겠지만 이것을 버리고 나면 아무것도 남지 않는다는 것을 시인은 잘 알고 있다. 어쩌면 운명적 패배의 자리를 찾아가는 길이 수도자의 여정이라 할 수 있다.

시집『달이 떴어』를 읽으며 일본의 시인 마스오 바쇼를 떠올렸다. 시에 대한 검박한 태도와 스스로 "산"으로 상징되는 궁벽에 처하면서도 함께 살아가는 것들에 대한 연민의 시선을 보여주는 점이 그랬다. 더욱이 끝없는 시의 여정을 수도자의 자세로 걷겠다는 영성 가득한 의지에서 고전주의자의 품격을 엿보기도 하였다. 시집을 읽고 난 후 가장 큰 깨달음은 누구와 닮을 필요가 없다는 사실이었다. 시베리아의 눈발 넘어 시의 길, 그 끝에서 맛보는 달콤함을 보여주는 시를 한 편 읽은 것으로 단상을 마무리 짓는다.

> 시베리아의 하늘을 넘어. 눈밭을 넘어. 추위를 넘어. 시베리아 눈을 맞고. 편지가 왔다.
> "오늘 같은 날은. 초콜렛과 캔디를 많이 드세요." 몰랐는데. 그날이 그런 날이라고 했다.
>
> 너의 그 말이. 초콜렛이었다. 캔디였다. 네가 달콤한 것 같아.
> 나도 달콤했다.
>
> -「지음 4」전문

상상인 시선 066

달이 떴어

지은이 해야
초판인쇄 2025년 10월 20일 **초판발행** 2025년 10월 24일
펴낸곳 도서출판 상상인 **편집주간** 황정산 **펴낸이** 진혜진
표지디자인 최혜원 **기획·마케팅** 전은빈 최유림 노혜림 정현수
책임교정 오 늘 **편집** 세종PNP
등록번호 제572-96-00959호 **등록일자** 2019년 6월 25일
주소 06621 서울시 서초구 서초대로74길 29, 904호
전화번호 02-747-1367, 010-7371-1871
팩스 02-747-1877 **전자우편** ssaangin@hanmail.net

ISBN 979-11-7490-018-0 (03810)

값 12,000원

* 이 책은 전부 또는 일부 내용을 재사용하려면 반드시 저작권자와 도서출판 상상인의 동의를 받아야 합니다.
* 이 도서의 국립중앙도서관 출판시도서목록(CIP)은 서지정보유통지원시스템 홈페이지(http://seoji.nl.go.kr)와 국가자료공동목록시스템(http://www.nl.go.kr/kolisnet)에서 이용하실 수 있습니다.